Collecti

Jamie de Champe-
ghse.

Supplément réalisé avec la collaboration de
Dominique Boutel, Nadia Jarry,
Marie-Hélène Larre, Anne Panzani,
Christian Biet, Jean-Paul Brighelli
et Jean-Luc Rispail

ISBN: 2-07-031189-9
Titre original: The great piratical Rumbustification
Publié par J.M. Dent & Sons Ltd,
© Margaret Mahy, 1978, pour le texte
© Quentin Blake, 1978 et 1983, pour les illustrations
© Editions Gallimard, 1983, pour la traduction
© Editions Gallimard, 1989, pour la présente édition
Numéro d'édition: 75765
Loi n. 49-956 du 16 juillet 1949
sur les publications destinées à la jeunesse
1er dépôt légal: Octobre 1989
Dépôt légal: Mars 1996
Imprimé en Italie par la Editoriale Libraria

MARGARET MAHY
ILLUSTRÉ PAR
QUENTIN BLAKE

L'enlèvement de la bibliothécaire

GALLIMARD

I

Un jour, Hélène Labourdette, la ravissante bibliothécaire, fut enlevée par de méchants brigands. Elle était allée se promener dans les bois, à la lisière de la ville, quand les voleurs fondirent sur elle et la capturèrent.

«Pourquoi me kidnappez-vous ? demanda-t-elle froidement. Je n'ai ni amis ni parents riches. Je suis une pauvre orpheline et ma seule maison, c'est la bibliothèque.

— Justement, répliqua le Chef des Brigands. Le Conseil Municipal paiera une forte somme pour que vous reveniez. D'ailleurs, tout le monde sait que la bibliothèque ne peut pas fonctionner normalement sans vous. »

C'était particulièrement vrai, puisque Mlle Labourdette avait les clefs de la bibliothèque.

« Je dois vous avertir, dit-elle. J'ai passé le week-end chez une amie qui a quatre petits garçons. Dans la maison, ils avaient tous une terrible rougeole.

— Aucune importance ! ricana le Chef des Brigands. Je l'ai déjà eue !

— Pas moi », dit son voisin.

Les autres brigands regardèrent Mlle Labourdette, tout gênés. Aucun d'eux n'avait connu cet horrible fléau !

Lorsque le Conseil Municipal reçut la demande de rançon, il y eut aussitôt une grande discussion. Chaque conseiller se souciait que les choses soient bien faites.

«Qu'est-il prévu en cas de kidnapping de notre bibliothécaire ? demanda un conseiller. La rançon doit-elle être inscrite dans les frais du personnel ou dans le budget de la culture ?

— La commission culturelle se réunira sous quinzaine, répondit le Maire. Je propose que nous la laissions prendre une décision sur ce point.»

Mais bien avant cette réunion, tous les brigands (excepté leur chef !) avaient une terrible rougeole.

«Je crois qu'un bain chaud pourrait empêcher l'éruption des boutons, dit Mlle Labourdette, hésitante. Ah, si j'étais dans ma bibliothèque, je consulterais l'article ''rougeole'' dans mon *Dictionnaire Pratique de Médecine Familiale*.»

Le Chef des Brigands jeta un regard noir sur ses hommes.

«Etes-vous sûre qu'il s'agit de la rougeole ? demanda-t-il. Les taches de rousseur vont très bien à certaines personnes, mais vous n'imaginez pas un voleur couvert de taches rouges ! Ce serait une catastrophe.

Est-ce que vous le prendriez au sérieux ?

— Le devoir d'une bibliothécaire, répliqua Mlle Labourdette avec hauteur, c'est de ne prendre au sérieux aucun voleur, avec ou sans taches rouges. De toute façon, il n'est pas question qu'ils volent tant qu'ils ont leur rougeole. Ils sont en

quarantaine. Vous ne voulez quand même pas être condamnés pour avoir contaminé tous les environs, n'est-ce pas ?»

Le Chef des Brigands grogna.

« Si vous me le permettez, ajouta M{jlle} Labourdette, j'irai à ma bibliothèque emprunter le *Dictionnaire Pratique de Médecine Familiale*. Avec l'aide de ce précieux livre, je pourrai alléger les souffrances de vos camarades. Bien entendu, je ne peux l'emprunter qu'une semaine. C'est un ouvrage de référence, vous comprenez. »

Les brigands souffrant de la rougeole gémissaient. Le Chef des Brigands ne put en supporter davantage.

« D'accord, dit-il. Allez chercher ce livre et il ne sera plus question de kidnapping. Mais ce n'est qu'une mesure provisoire. »

II

Peu de temps plus tard, Mlle Labourdette revenait avec plusieurs livres.

«Un bain chaud pour prévenir l'éruption des boutons ! annonça-t-elle en lisant le dictionnaire, clairement et posément. La caverne doit être plongée dans l'obscurité et vous ne devez ni lire ni jouer aux cartes. Quand on a la rougeole, il faut faire attention à ses yeux.»

Les brigands trouvèrent fort sinistre de rester allongés dans la sombre caverne. Mlle Labourdette prit leur température, et leur demanda s'ils avaient mal aux oreilles.

«Il est très important de rester au chaud», dit-elle.

Elle tira les couvertures jusqu'à leurs barbes de brigands et les borda si bien qu'ils ne pouvaient plus bouger.

«Pour vous distraire, je vais vous faire la lecture, dit Hélène Labourdette. Quels livres avez-vous déjà lus?»

Les voleurs n'avaient rien lu. Ils étaient presque illettrés.

«Bien, dit Mlle Labourdette, nous allons commencer par Jeannot Lapin et nous continuerons par des livres plus compliqués.»

Jamais personne n'avait fait la lecture à ces brigands, même quand ils étaient petits. Malgré leur fièvre, ils écoutaient avec beaucoup d'attention et réclamaient d'autres histoires. Le Chef des Brigands écoutait, lui aussi, bien que Mlle Labourdette lui ait donné pour tâche de préparer un bon bouillon pour les malades.

«Racontez-nous d'autres aventures de Jeannot Lapin ! tel était le cri d'impatience que poussaient les bandits fiévreux. Racontez-nous Alice au Pays des Merveilles!»

L'histoire de Robin des Bois les mit mal à l'aise. Voleur comme eux, Robin, lui, était plein de nobles sentiments. Il volait les riches pour donner aux pauvres. Ces brigands-

là n'avaient jamais songé à donner aux pauvres, mais seulement à garder pour eux ce qu'ils volaient.

Au bout de quelques jours, les

taches s'estompaient et les brigands commencèrent à avoir faim. Mlle Labourdette consulta son *Dictionnaire Pratique de Médecine Familiale* et y trouva des recettes de cuisine appétissantes pour les convalescents. Elle les nota pour le Chef des Brigands.

Après avoir eu l'idée de kidnapper la bibliothécaire, le Chef des Brigands envisageait de kidnapper ce dictionnaire, mais Mlle

Labourdette ne voulait pas le lui laisser.

« Beaucoup de gens qui viennent à la bibliothèque l'utilisent, dit-elle. Mais bien sûr, si plus tard vous avez besoin d'un renseignement, vous pourrez toujours venir le consulter. »

Quelques jours plus tard, les brigands étaient complètement guéris et Mlle Labourdette retourna à la bibliothèque avec ses clefs. L'épisode des brigands appartenait au passé, semblait-il. Le *Dictionnaire Pratique de Médecine Familiale* retrouva sa place sur une étagère de la bibliothèque. Et la bibliothèque fut rouverte aux gens qui avaient été privés de lecture pendant la durée du kidnapping.

III

Mais environ trois semaines après ces événements dramatiques, il y eut un autre incident avec les brigands !

En plein jour surgit dans la bibliothèque le Chef des Brigands en personne.

«Sauvez-moi ! cria-t-il. Un policier est à mes trousses !»

Mlle Labourdette lui jeta un regard glacial.

«Donnez-moi plutôt votre nom, et vite !» dit-elle.

Le Chef des Brigands fit un bond en arrière. Une expression d'horreur se devinait à travers sa barbe noire en broussaille.

«Non, non ! cria-t-il. Tout sauf ça !

— Vite ! répéta Mlle Labourdette. Sinon, je n'aurai pas le temps de vous aider.»

Le Chef des Brigands se pencha par-dessus le bureau et lui chuchota son nom :

«Bienvenu Monsauveur…»

Mlle Labourdette ne put s'empêcher de sourire. Le nom semblait étrange pour un tel personnage…

« A l'école, on m'avait surnommé Malvenu Malfaiteur ! cria le malheureux brigand. C'est ce surnom qui m'a conduit sur la voie du crime ! Mais cachez-moi, chère Mlle Labourdette, sinon ils me captureront. »

Mlle Labourdette lui colla une étiquette avec un numéro, comme s'il avait été un livre de la bibliothèque, et elle le plaça sur une étagère, au milieu des livres dont le nom des auteurs commençait par un M. Le brigand était rangé par ordre alphabétique. Ranger par ordre alphabétique est l'habitude des bibliothécaires.

Le policier qui poursuivait le Chef des Brigands surgit dans la bibliothèque. Il courait vite, mais comme il avait été renversé par un petit garçon sur un tricycle, sa course s'était ralentie.

« Mlle Labourdette, dit le policier, j'ai poursuivi un célèbre chef de brigands jusqu'à votre bibliothèque. Et je l'aperçois sur une étagère à la lettre M. Puis-je l'emporter, s'il vous plaît ?

— Certainement, répondit aimablement Mlle Labourdette. Avez-vous votre carte de lecteur ? »

La tête du policier s'allongea.

« Oh, mon Dieu, non ! s'exclama-

t-il. J'ai bien peur qu'elle ne soit à la maison, je l'utilise pour marquer les pages du *Guide pour attraper les Voleurs*.»

Mlle Labourdette lui adressa un sourire poli.

«Je regrette, mais ici vous ne pouvez rien retirer sans votre carte de lecteur. Le Chef des Brigands appartient à la bibliothèque.»

Le policier hocha lentement la

tête. Il savait que c'était vrai : on ne pouvait rien emporter, à la bibliothèque, sans sa carte de lecteur. C'était une règle stricte.

«Je cours la chercher à la maison, dit-il. Je n'habite pas très loin.

— Allez-y », dit Mlle Labourdette aimablement.

Le policier sortit précipitamment de la bibliothèque en faisant claquer ses grosses bottes.

Mlle Labourdette revint vers l'étagère des M et posa le Chef des Brigands par terre.

« Voyons, qu'êtes-vous venu faire ici ? demanda-t-elle sévèrement.

Le Chef des Brigands ne s'y trompa pas. Elle était vraiment très contente de le revoir.

« Eh bien, Mlle Labourdette, répondit-il, mes hommes sont nerveux. Depuis que vous leur avez raconté des histoires, ils s'ennuient le soir. Autrefois, nous avions l'habitude de nous asseoir autour d'un feu de bois, de chanter des chansons de brigands, tout cela dans une atmosphère rude. Mes hommes n'ont

plus le cœur à ça. Ils veulent entendre encore *Jeannot Lapin*, *l'Ile au Trésor*, et d'autres histoires de rois et de fous. Aujourd'hui, je venais m'inscrire à la bibliothèque pour emprunter quelques livres. Que dois-je faire ? Je n'ose pas repartir sans livres, mais ce policier risque de revenir. Sera-t-il très fâché contre vous s'il voit que je suis parti ?

— Je vais m'en occuper, répondit Mlle Labourdette avec un petit sourire. Quel est votre numéro ? Ah, oui. Eh bien, quand ce policier reviendra, je lui dirai que quelqu'un

vous a emprunté et ce quelqu'un, c'est moi. Maintenant, vous êtes ma propriété.»

Le Chef des Brigands lança à Hélène Labourdette un regard éloquent.

«Et maintenant, dit gaiement Mlle Labourdette, inscrivez-vous à la bibliothèque et prenez quelques livres pour vos pauvres brigands.

— Si je m'inscris, je peux vous emporter, peut-être ?» demanda le Chef des Brigands avec son effronterie de brigand.

Mlle Labourdette rougit et changea vite de sujet.

Elle renvoya le Chef des Brigands avec de merveilleux livres d'aventures.

Il venait juste de partir lorsque le policier revint.

«Et maintenant, dit le policier en montrant sa carte de lecteur, je voudrais emporter le Chef des Brigands, si vous le permettez.»

Il avait l'air si plein d'espoir que c'était presque dommage de le décevoir. Mlle Labourdette jeta un regard vers l'étagère des M.

« Oh ! s'écria-t-elle. Je suis désolée, quelqu'un l'a déjà emporté. Vous auriez dû le réserver. »

Le policier fixa l'étagère, puis Mlle Labourdette.

« Alors, puis-je le réserver ? demanda-t-il au bout d'un moment.

— Bien sûr, répondit Mlle Labourdette. Mais je dois vous avertir que vous risquez d'attendre longtemps. La liste d'attente est déjà longue. »

Après cet événement, le Chef des Brigands, en douce, revint régulièrement à la bibliothèque pour changer ses livres. C'était dangereux, mais il pensait que cela en valait la peine.

Au fur et à mesure que les brigands lisaient, ils enrichissaient leur culture et leur sagesse. Et ils devinrent les brigands les plus cultivés et les plus philosophes qu'on puisse rencontrer. Quant à Mlle Labourdette, il ne faisait aucun doute qu'elle se rendait complice des voleurs, ce qui n'est pas une bonne conduite pour une bibliothécaire, mais elle avait ses raisons.

IV

Puis vint le jour du terrible tremblement de terre. Toutes les cheminées de la ville s'écroulèrent. Les immeubles craquèrent et branlèrent. Dans la forêt, les brigands sentirent aussi la terre trembler. Sidérés, ils regardèrent les arbres vaciller et les pommes de pin pleuvoir autour d'eux comme des grêlons.

A la fin, quand tout fut fini, le Chef des Brigands pâlit.

« La bibliothèque ! cria-t-il. Qu'est-il arrivé à Mlle Labourdette et aux livres ? »

Les autres brigands pâlirent à leur tour. On n'avait jamais vu une bande de brigands aussi pâles.

« Vite ! hurlèrent-ils. Sauvons-les ! Sauvons-les ! Sauvons Mlle Labourdette ! Sauvons les livres ! »

Et ils s'élancèrent sur la route qui menait de la forêt à la ville en criant.

Le policier les aperçut. En entendant leurs cris de bravoure, il décida de les aider d'abord et de les arrêter ensuite.

« Sauvons Mlle Labourdette ! se mit-il à crier. Sauvons les livres ! »

Quel terrible spectacle, à la bi-

bliothèque ! Par terre gisaient les tableaux, les vases de fleurs renversés, des timbres éparpillés, les livres qui étaient tombés des étagères et jonchaient le sol comme des feuilles d'automne.

Mais personne ne vit trace de Mlle Labourdette.

En réalité, Mlle Labourdette rangeait des livres dans l'arrière-salle (c'était là qu'elle gardait les vieux ouvrages) quand avait éclaté le

tremblement de terre. Les anciennes encyclopédies poussiéreuses s'étaient abattues sur elle. Après le tremblement de terre, elle était toujours en vie, sous une avalanche de livres, incapable de bouger.

«Ecrasée par la littérature, pensa-t-elle. La mort rêvée pour une bibliothécaire.»

Cette pensée ne l'enchantait guère, mais elle n'y pouvait rien. Puis elle entendit un cri de triomphe :

«Hélène ! Hélène Labourdette !» criait une voix.

Quelqu'un retirait des livres au-dessus d'elle. C'était le Chef des Brigands.

«Bienvenu Monsauveur ! murmura faiblement Mlle Labourdette. Ce nom vous convient très bien.»

Il l'aida tendrement à se remettre debout et l'épousseta.

«J'ai fait aussi vite que j'ai pu, dit-il. Oh, Mlle Labourdette, ce n'est sans doute pas le moment, pour vous le demander… si j'abandonne ma vie de crime et si je deviens honnête… accepterez-vous de m'épouser ? Vous avez besoin de quelqu'un qui vous sauve des avalanches de livres, de temps en temps. Cela simplifierait tant les choses si vous vouliez bien m'épouser…

— Bien sûr que je veux, répliqua Mlle Labourdette avec simplicité.

Après tout, je vous ai bien emprunté avec ma carte de lectrice. Cela signifiait que je vous admirais en secret depuis longtemps. »

Dans la salle principale de la bibliothèque se déployait une grande activité. Brigands et conseillers, travaillant au coude à coude comme des frères, rangeaient les timbres, classaient les fiches et remettaient les livres sur les étagères. Le policier accrochait quelques tableaux. Tous applaudirent lorsque le Chef des Brigands fit son apparition avec

Hélène Labourdette, vacillante, mais toujours ravissante.

« Hum, je suis l'homme le plus heureux du monde, annonça le Chef des Brigands. Mlle Labourdette a accepté de m'épouser. »

Tout le monde accueillit cette déclaration par des acclamations.

« A une condition, ajouta Mlle Labourdette. C'est que vous, les

brigands, cessiez d'être brigands pour devenir bibliothécaires. Vous n'étiez pas très bons, comme brigands, mais je pense que vous serez d'excellents bibliothécaires. Maintenant, je suis très fière de vous. »

Les brigands restaient muets. Jamais, lorsqu'ils n'étaient que de simples et inoffensifs voleurs dans la forêt, ils n'avaient rêvé qu'on leur fasse un tel éloge. Extrêmement émus, ils jurèrent aussitôt de cesser d'être des coquins et de devenir bibliothécaires.

Tout cela était très excitant. Même le policier pleurait de joie.

V

Depuis lors, cette bibliothèque originale fut remarquablement tenue. Avec tous les nouveaux bibliothécaires le Conseil Municipal put ouvrir une bibliothèque pour enfants avec tous les jours l'heure du conte et des pièces de théâtre palpitantes. Les brigands bibliothécaires étaient d'excellents animateurs car ils s'étaient déjà entraînés, autour de leurs feux de camp dans la forêt.

Mlle Labourdette, qui devint rapidement Mme Monsauveur, pensait parfois que la bibliothèque pour enfants était un tout petit peu plus fantasque que bien d'autres belles bibliothèques qu'elle connaissait, mais elle ne s'en souciait pas. Cela ne la dérangeait pas non plus que tous les brigands bibliothécaires portent de rudes moustaches noires, ni qu'ils aient enlevé les panneaux : SILENCE et INTERDICTION DE PARLER.

Peut-être était-elle un peu brigand, au fond, et personne ne s'en doutait…

A part, bien sûr, le Chef-des-Brigands-et-Premier-Assistant-Bibliothécaire, Bienvenu Monsauveur, mais il ne le répéta à personne.

FIN

Margaret Mahy vit en
Nouvelle-Zélande où elle est
née et où elle a été bibliothécaire
(pour enfants) avant de devenir
écrivain. Elle écrit pour les enfants
de tous âges : des petits contes,
des histoires pour Folio cadet, des romans pour
adolescents, qui portent tous l'empreinte
de son imagination fertile et de son humour.
C'est un grand auteur, et plusieurs de ses livres
ont reçu au cours des années des prix littéraires
prestigieux en Amérique, en Angleterre
et sur le continent australien.

Quentin Blake est l'un des illustrateurs anglais
les plus célèbres et les plus féconds. Il a
illustré plus de cent livres dont il est parfois
également l'auteur. Il est, en outre, directeur
du département Illustrations de l'équivalent
londonien de nos Beaux-Arts.
Ses journées sont si bien
remplies que ce n'est que le soir
qu'il peut retrouver sa table à
dessin et se livrer, avec humour
et entrain, à la
création de tous
ses personnages.

L'enlèvement de la bibliothécaire

Supplément illustré

Test

Aimes-tu les livres ? Pour le savoir, choisis pour chaque question la solution que tu préfères. *(Réponses page 62.)*

1. Tu es en train de lire et on t'appelle pour dîner
- ● tu n'entends pas car tu es trop concentré
- ■ tu laisses ton livre à regret, car tu étais en plein suspense !
- ▲ tu cours à table, car tu as très faim !

2. Tu préfères les livres
- ● avec beaucoup de texte
- ■ très illustrés
- ▲ en bandes dessinées

3. Quand tu as fini ton livre
- ■ tu le ranges dans ta bibliothèque
- ▲ tu le prêtes à un ami
- ● tu le mets sur la pile qui est sous ton lit

4. Relire un livre ça t'arrive
- ● souvent
- ■ parfois
- ▲ jamais

5. Les livres sont des compagnons merveilleux
- ● parce qu'ils ne cessent de raconter des histoires
- ▲ parce qu'on peut les fermer quand on en a envie
- ■ parce qu'ils permettent d'apprendre

6. A la plage, une personne oublie un livre

- ■ tu le feuillettes, tu le liras après le bain
- ● tu en commences immédiatement la lecture, les vagues attendront
- ▲ tu n'y prêtes pas attention, il t'empêche de finir ton château de sable

7. A la bibliothèque tu préfères

- ● te promener dans les rayonnages au hasard
- ■ regarder le fichier pour te donner une idée de titre
- ▲ t'installer tranquillement pour feuilleter des albums illustrés

8. Tu es le héros d'un de tes livres préférés

- ■ Le Petit Poucet
- ● Le Petit Prince
- ▲ Le Petit Nicolas

9. On t'offre un vieux livre

- ▲ tu cherches à qui il a bien pu appartenir
- ■ tu te demandes s'il existe dans une collection récente
- ● tu aimes son odeur fanée qui cache mille secrets

10. De toi, on dit facilement

- ● il dévore un livre par jour
- ■ il est capable d'en lire plusieurs à la fois
- ▲ il ne finit jamais les livres

– Informations / L'enlèvement de la bibliothécaire –

Histoires de brigands

N'est pas brigand qui veut !
Il ne faut pas confondre un brigand avec un vulgaire voleur ou avec un assassin, quoique parfois...

Qui sont donc ces brigands : au Moyen Age les brigands étaient à l'origine des soldats de métier. En effet, à cette époque il n'existait pas d'armée régulière et, en temps de guerre, ils se battaient pour les seigneurs ou les rois qui les payaient le mieux. Mais ils n'hésitaient pas à changer de camp si le gain était plus intéressant. Leurs principales occupations, une fois les combats finis et gagnés, étaient le pillage et la dévastation. Ils se retranchaient dans des forteresses bien gardées, des châteaux pris aux seigneurs partis en croisades, ou encore dans les bois et les montagnes.

Réputés pour leur courage, leur intrépidité et leur cruauté, certains de ces brigands devenaient de grands chefs militaires redoutés par leurs ennemis et par la population qu'ils dépouillaient sans le moindre remords.

Certains se mariaient noblement et accédaient à de hautes responsabilités dans le royaume.

La vie des compagnies de brigands était très organisée. Ils avaient leurs lois, leurs corps de métier, leurs chefs, et régnaient en maîtres sur des régions entières. Malheur au paysan ou au marchand qui tentait de leur cacher un sac de pièces, il risquait d'avoir les pieds brûlés ou de perdre la vie.

Galerie de portraits

Les compères Guilleri : ces fameux brigands de la chanson avaient instauré le système du «billet de liquidation». Tout voyageur détroussé par leur soin recevait ce billet à présenter aux voleurs suivants, ce qui évitait d'être détroussé une seconde fois.

Cartouche : à vingt-quatre ans, ce brigand de Paris devint le chef d'une immense armée, infiltrée un peu partout : dans les cabarets, la police, la noblesse. Véritable acrobate, Cartouche était célèbre pour l'agilité avec laquelle il escaladait les cheminées, sautait d'un toit à l'autre et réussissait à échapper à ses poursuivants. Il adorait se déguiser et faisait preuve d'une galanterie chevaleresque.

Mandrin : très jeune, il fut révolté par l'injustice qui régnait alors et devint contrebandier. Il se rendit très populaire en revendant moins cher ses marchandises aux gens pauvres. Il fit également quelques actions d'éclat : il libéra des prisonniers, invita la population à boire du vin volé. Il eut l'idée de placer les fers de ses chevaux à l'envers pour tromper ses poursuivants. Lui et sa bande vivaient dans les montagnes de Haute-Provence, dans des grottes qu'ils étaient les seuls à connaître.

Robin des Bois : vivant dans la forêt de Sherwood en Angleterre, Robin des Bois et ses brigands pillaient les riches marchands, ce qui leur valut le soutien des populations.

– Informations / L'enlèvement de la bibliothécaire –

Le brigandage ne régnait pas seulement sur terre. Flibustiers, pirates, corsaires sillonnaient les mers et se livraient au pillage. Les bateaux de commerce, les navires transportant des voyageurs, rien n'était épargné.
On raconte que certains auraient laissé de fabuleux trésors qui n'ont toujours pas été retrouvés de nos jours. Avis aux amateurs!

Barbenoire : c'était l'un des plus anciens brigands anglais. Il doit son nom à l'épaisse toison qui lui recouvrait la moitié du corps. Il en faisait des tresses qu'il attachait avec des rubans de couleur! Son aspect suffisait à terroriser.

Jeux / L'enlèvement de la bibliothécaire

De la caverne à la bibliothèque

Entoure la lettre qui correspond à la réponse que tu as choisie et incris-la dans la grille de la page 57. Si tu as bien répondu aux questions, tu trouveras le mot de passe pour te rendre au mariage d'Hélène et de Bienvenu.

1. Les brigands enlèvent Mlle Labourdette pour obtenir les clefs de la bibliothèque	vrai :	B
	faux :	I
2. Les brigands et leur chef ont tous attrapé la rougeole	vrai :	E
	faux :	N
3. Mlle Labourdette a la permission de sortir de la caverne pour emprunter un dictionnaire médical	vrai :	V
	faux :	R
4. Pour distraire les brigands, Mlle Labourdette leur fait la lecture	vrai :	I
	faux :	S
5. Mlle Labourdette prépare le repas des malades	vrai :	U
	faux :	T
6. La bibliothèque est restée fermée pendant la durée du kidnapping	vrai :	A
	faux :	C
7. Le chef des brigands vient à la bibliothèque car la police le poursuit	vrai :	T
	faux :	I

— *Jeux / L'enlèvement de la bibliothécaire* —

8. Le policier ne peut emmener Bienvenu Monsauveur parce qu'il n'est pas inscrit à la bibliothèque vrai : E faux : I

9. Au moment du tremblement de terre Mlle Labourdette rangeait ses livres vrai : O faux : L

10. Mlle Labourdette accepte d'épouser le chef des brigands s'il devient policier vrai : D faux : N

1 2 3 4 5 6 7 8 9 10

(Réponses page 63.)

Lectures secrètes...

Sauras-tu deviner le titre qui se cache dans ce dessin ? Il te suffit pour cela de compter toujours le même nombre de cases à partir de R● (un conseil : raye les lettres découvertes au fur et à mesure car elles ne peuvent plus servir!)

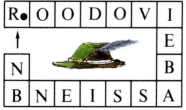

(Réponse page 63.)

À la recherche du suspect

Une lettre est envoyée au conseil municipal. Le policier interroge quatre brigands qui possèdent chacun une machine à écrire.
Aide-le à retrouver le suspect grâce aux informations qui te sont données.

MADEMOISELLE
LABOURDETTE
SERA RELACHÉE CONTRE
UNE FORTE RANÇON

- La machine du premier brigand imprime faiblement les O et les E.

 - La machine du second brigand imprime en gras les C et les E.

- La machine du troisième brigand imprime en italique les 3e et 4e lettres de l'alphabet.

 - La machine du quatrième brigand imprime faiblement les B et les L.

(Réponses page 63.)

Chemin lisant

Bienvenu Monsauveur est maintenant un habitué de la bibliothèque. Et toi, sais-tu t'y orienter ? En t'aidant du code de classification des livres, trace le chemin qu'il a suivi à travers les rayonnages depuis le bureau d'accueil.

Jeux / L'enlèvement de la bibliothécaire

Code

00 Généralités
10 Philosophie
20 Religions
30 Langues
40 Sciences naturelles
50 Sciences et techniques
60 Arts
70 Littérature
80 Histoire, Géographie

1. Bienvenu a besoin d'un dictionnaire d'anglais, il va tout droit au rayonnage ....
2. Puis il admire un superbe ouvrage illustré par le peintre Monet, au rayonnage.........
3. Intéressé par la conquête de l'espace, il trouve des informations sur les navettes spatiales, au rayonnage...........
4. Passionné par la mythologie grecque il s'arrête au rayonnage............
5. Ensuite, curieux de connaître le nom de la plus haute montagne du monde, il se dirige vers le rayonnage...........
6. Enfin, car il ne veut pas repartir les mains vides, il désire emprunter quelques bons romans, et fait une longue pause au rayonnage...

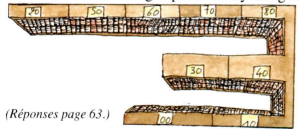

(Réponses page 63.)

Trouve l'intrus

Dans la série de mots suivants, un mot s'est glissé par erreur :
1. bibliothèque, discothèque, vidéothèque, architecte, photothèque
2. Jules Verne, La Comtesse de Ségur, Jacques Prévert, Louis Pasteur, Victor Hugo

Mots enlevés

Tous les mots de cette grille ont un rapport avec les brigands et leurs méfaits :
1. un enlèvement
2. membre d'un gang
3. fruit d'un vol
4. coquin
5. kidnapping
6. pièces exigées pour l'échange d'un captif
7. autre fruit d'un vol
8. celui d'un œuf équivaut à celui d'un bœuf
9. autre enlèvement

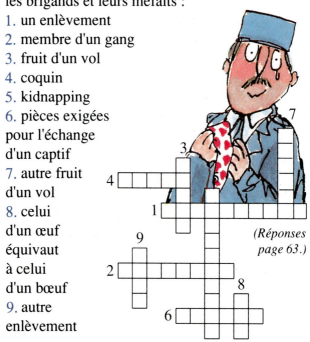

(Réponses page 63.)

**Si tu aimes les histoires amusantes
et les histoires de brigands
voici une liste de titres
pour t'aider dans ton choix**

dans la collection folio cadet

Le grand Charivari, *M. Mahy*
La vengeance de Magnum, *A. Allais*
Quand je serai grande, *I. Keun*

dans la collection folio benjamin

Le roi des bons, *H. Bichonnier*
J'ai un problème avec ma mère, *B. Cole*
L'énorme crocodile, *R. Dahl*

dans la collection folio junior

Les deux gredins, *R. Dahl*
Le petit Nicolas, *Sempé/Goscinny*

chez les autres éditeurs

Ronya fille de brigands, *A. Lindgren*, L.P.J.
Drôle de hold up, *N. Schneegas*. Editions
de l'Amitié

RÉPONSES

Compte les ●*, les* ■ *et les* ▲ *que tu as obtenus*

- Si tu as plus de ● *, tu es un passionné ! Ce n'est pas difficile à voir : tu vis entouré de livres, tu connais la bibliothèque par cœur, tu lis même en marchant ! Pour toi lire c'est à chaque fois une aventure ! Tu es tour à tour le héros de merveilleuses aventures et ton monde est celui de tes livres. N'oublie pas de revenir sur terre de temps en temps !*

- Si tu as plus de ■ *tu fais la part des choses. D'un côté il y a la vie, de l'autre la lecture et ses plaisirs. Tu n'hésites pas à ouvrir toutes sortes de livres car la lecture a pour toi des charmes variés : apprendre, s'amuser, voyager. Mais tes pieds ne quittent jamais le sol et tu sais quitter tes livres.*

- Si tu as plus de ▲*, la lecture, c'est agréable mais de temps en temps, n'est-ce pas ? Tu n'es pas ce qu'on appelle un grand lecteur et les livres doivent être à tes yeux distrayants. Ils sont aussi pour toi un moyen de prendre la vie du bon côté. Alors pas de livres trop longs ou ennuyeux. Et si tu insistais un peu, parfois ?*